L'Alsace à vol d'oiseau

Édouard Schuré

1916

© 2024, Édouard Schuré (domaine public)
Édition : BoD · Books on Demand, 31 avenue Saint-Rémy, 57600 Forbach, bod@bod.fr
Impression : Libri Plureos GmbH, Friedensallee 273, 22763 Hamburg (Allemagne)
ISBN : 978-2-3225-4129-4
Dépôt légal : Mars 2025

L'ALSACE À VOL D'OISEAU

UN SOIR AU MONT SAINTE-ODILE

I. — LA MONTÉE

C'était quelques années avant la guerre de 1914.

Un clair matin d'automne rayonnait sur l'étroite vallée de Barr, qui s'insinue dans les Vosges, au pied du Menelstein, à l'orée de la plaine d'Alsace. Nichée dans une faille de la chaîne, cette vallée sans issue, qui aboutit à la Forêt des Sept-Vents et au Hohwald, est un des plus vieux coins celtiques du pays, comme le prouvent le nom de son torrent, la Kirneck, et du Krax, mamelon sauvage, boisé de pins trapus, qui domine fièrement la contrée et la sépare de la plaine. Ce matin-là, l'azur vif dardait sur le monde son plus éblouissant sourire. Le ciel s'épandait comme un pavillon de lumière sur les montagnes, revêtues de leurs manteaux de forêts et déjà chatoyantes des teintes fauves et rouges de l'automne. Je n'y pus tenir parmi mes livres et mes paperasses. D'un bond je fus hors ma maison et résolu de grimper au Mur-Payen pour passer la journée au mont de Sainte-Odile.

Un sentier de traverse quitte la vallée, franchit quelques masures et s'élève à travers des vignobles et des prairies en pente douce sur le contrefort de la montagne. On atteint un large vallon, tapissé de gazons humides et lustré par les sources qui s'en échappent en ruisselets. Derrière surgit, haute dans le ciel, la ruine du château de Landsberg, en grès rouge, avec sa tour carrée, ébréchée par les siècles, mais toujours majestueuse. Un chemin pierreux s'engage dans une épaisse châtaigneraie. Sous les feuilles dorées du soleil matinal, qu'agite une brise légère, retentissent les cris stridens des geais qui se disputent les baies rouges des sorbiers, et glisse, de temps à autre, le vol lourd d'un faisan aux ailes mordorées. On dépasse la pinède du Mœnkalb, et le sentier devient plus raide. Après maint lacet de la route, nous voici près du château de Landsberg, qui émerge des bois de châtaigniers, sur un ressaut de la montagne, au pied du Menelstein, avec son mur d'enceinte et ses larges douves, envahies par la végétation. De là déjà, la vue s'étend sur la plaine immense. Ici régnèrent jadis, pendant des siècles, les riches seigneurs de la contrée. Leur forteresse, inaccessible aux envahisseurs qui ravagèrent l'Alsace au Moyen Âge, n'a laissé que peu de souvenirs dans l'histoire et dans la légende, sauf celui de Herrade, l'illustre châtelaine de céans, qui devint abbesse de Hohenbourg au couvent de Sainte-Odile et charma ses loisirs en peignant les miniatures d'un merveilleux missel, le fameux *Hortus deliciarum.* On sait que ce bijou d'art mystique périt, avec cent autres trésors, dans l'incendie de la bibliothèque, au bombardement de Strasbourg, en 1870. Les Prussiens ont toujours marqué leurs conquêtes par des destructions de chefs-d'œuvre. Encore s'ils n'avaient saccagé que des livres ! Auprès de leurs fureurs brutales d'aujourd'hui, leurs crimes d'autrefois nous semblent d'innocentes peccadilles. Ils étaient alors dans l'enfance de *leur art.*

Je ne m'attardai pas à cette première halte de ma promenade. Du Landsberg, un chemin s'incurve dans la montagne et la longe horizontalement, pour gagner l'hôtel Saint-Jacques. Il s'engage sous une haute futaie de sapins. Leurs colonnes gigantesques se dressent sur un fouillis de jeunes arbustes. Les touffes sombres d'aiguilles couvrent, de leurs grands gestes muets, le frisselis des feuilles vertes. On marche au cœur de la forêt.

Infiniment variées dans leur monotonie apparente, les forêts sont la plus belle parure des Vosges. On ne dirait pas qu'elles ont été faites pour servir de vêtement à la montagne, mais que la montagne fut créée pour porter ces temples resplendissans, où vibrent tant de harpes et de lyres. Des essences nombreuses les composent, mais le sapin règne en maître sur les hauteurs et les couvre de ses masses compactes. Lorsque à ses sombres pyramides le hêtre mêle son feuillage doré, et le bouleau ses fines ramures d'argent avec sa chevelure transparente, alors seulement la forêt vosgienne déploie sa grâce et sa majesté. Mais il faut pénétrer dans le labyrinthe des sous-bois, pour comprendre le charme et soupçonner la vie intime de la forêt.

Ô forêts ! bois profonds ! solitudes ! asiles !

s'écrie Victor Hugo comme pour s'élancer, en quatre bonds, dans leur plus secret mystère. Et Baudelaire ajoute, saisi d'un frisson religieux :

Forêts, vous m'effrayez comme les cathédrales !

C'est que la forêt de sapins est une cathédrale, en effet. Colonnades à perte de vue ; branches retombantes en pendentifs ou croisées en ogives ; trouées d'azur éclatantes comme des vitraux peints ; flèches de soleil qui percent les aiguilles et jettent des losanges d'or sur les herbes folles. Sur les tapis de mousse, les feuilles luisantes du houx s'allument comme des candélabres, les fougères en éventail s'étalent comme des rosaces vertes. Et les nefs se prolongent à l'infini sur le sol inégal. On monte et l'on descend, pour remonter encore. On s'égare entre ces piliers innombrables, sans jamais trouver l'abside et le chœur de cette église sans limite.

Mais ne vous contentez pas de regarder, écoutez aussi. Car ces nefs ont leur musique, ces dômes ont leurs chants. Les forêts sont un vaste orchestre, qui a pour maître l'atmosphère et pour musiciens les vents. Ils y jouent de merveilleuses symphonies. Des Dieux passent dans leurs harmonies et dans leurs silences. Lorsqu'en automne, les tempêtes de l'équinoxe s'abattent sur les vieux hêtres, déjà dépouillés de leurs feuilles, qui avoisinent le Hohwald et le Champ-du-Feu, on croit entendre mugir un orgue géant. Le son roule, de bas en haut, à travers tous les registres du formidable instrument, depuis la basse ronflante jusqu'aux sifflemens aigus. On dirait la voix de Tarann, le Dieu de la guerre, qui souffle dans sa trompe et soulève tout un peuple. Mais, au printemps, quand des milliers d'insectes bourdonnent autour de l'érable et du chêne, quand la chaleur de midi fait taire le gazouillis des oiseaux, et que les abeilles, ivres de lumière et de parfums, se plongent avec frénésie dans le calice des fleurs, c'est la note soutenue et langoureuse des violons qui règne sous les bois. On dirait alors que Rosmertha, la déesse de la vie et de l'amour, s'étire et se réveille dans son berceau, sous les baisers ardens de Bélen, Dieu du soleil. Mais que, par un beau soir d'été, où glisse une brise subtile, nous montions vers les hautes sapinières, et nous surprendrons, dans leurs fines aiguilles, des soupirs d'âmes et des voix séraphiques comme celles des harpes éoliennes, venues des lointains inaccessibles.

Ainsi les voix primordiales de la terre et du ciel tissent leurs concerts dans les forêts des Vosges. Aux diverses saisons, ou même en un seul jour, aux divers étages de la montagne, on peut se donner la sensation de l'échelle des Dieux par lesquels l'humanité essaye de s'immerger dans l'Au-delà qui nous enveloppe. La lumière et le jour ne sont-ils pas eux-mêmes des messagers de l'Invisible qui jouent sur les cordes de nos âmes ? On se sent devenir païen dans les profondeurs bourdonnantes et chaudes ; de la forêt ; on redevient chrétien dans ses hauteurs austères ; on s'éthérise vers les cimes.

Je remémorais en moi ces impressions multiples, en marchant, sous le clair soleil matinal, sur le sentier feutré d'aiguilles de sapin, d'où s'échappait l'encens voluptueux de la résine. En même temps je pensais : « Ah ! que l'humanité dépoétisée et matérialisée d'aujourd'hui est loin des sources éternelles où l'âme s'abreuve ! » Je me promettais de m'arrêter un instant sur l'unique banc de bois qu'on rencontre sur ce chemin et d'où l'on jouit d'une vue pittoresque, en retour, sur le château de Landsberg, à travers une éclaircie de la forêt. À mon grand déplaisir, je vis le banc occupé ; mais bientôt je poussai un cri de joie en m'apercevant que l'hôte de ma chère solitude était un ami, le docteur Pierre Bucher, de Strasbourg. Il tenait en main un carnet, dans lequel il écrivait avec une attention profonde. Comme il ne m'avait pas vu venir, j'eus la joie de le surprendre dans sa méditation.

— Vous ici ? m'écriai-je. Quelle chance et quel bonheur de vous rencontrer !

Il se leva avec une exclamation et me serra gaiement la main. Je repris :

— Que faites-vous là ? Seriez-vous capable d'improviser des vers dans ce site pittoresque.

— Quelle idée ! J'ai des soucis plus graves. J'étais en train tout simplement de noter mes courses de demain en divers points de l'Alsace. Il faut que j'aille à Schlestadt, à Mulhouse et à Saverne.

— Chez vos malades ?

— Non. Nous organisons dans ces villes des réunions littéraires et de petites écoles privées pour l'enseignement populaire de la langue française.

— Des écoles clandestines alors ?

— Pas précisément, disons *ésotériques*, pour me servir de votre langage.

— À la bonne heure ! Toujours au travail pour la grande cause. Mais le hasard a voulu que je vous saisisse au vol ; je vous tiens et ne vous lâcherai pas. Au lieu de passer votre après-midi à Saint-Jacques, vous allez monter avec moi à Sainte-Odile, où nous coucherons, après une halte au Menelstein.

— J'accepte, me répondit le docteur Bucher, d'autant plus qu'une fois là-haut, j'aurai un grand service à vous demander.

— Tant mieux ! ajoutai-je.

— Ne vous engagez pas à la légère ; ce sera peut-être plus sérieux que vous ne pensez.

— Qu'importe ! Je me fie à vous, car je vous connais. Vous êtes le chevalier obscur d'une idée sublime. Si vous demandez quelque chose aux autres, ce ne sera jamais que pour Elle ! Vous obéir me portera bonheur, quoi qu'il m'en coûte. Alors je promets d'enthousiasme !

— Toujours dans votre nuage, dit mon ami avec un fin sourire ; mais, pour cette fois, j'y monte avec vous. Partons.

Et nous nous remîmes en route dans la forêt ombreuse, sous le soleil brûlant de midi.

II. — LE MUR PAÏEN

Le ciel s'élargit entre les sapins. La forêt se change en parc et s'ouvre sur un large vallon. Voici, sur un petit plateau, l'hôtel Saint-Jacques, avec sa terrasse et une superbe échappée vers la plaine. En arrière, au fond de la ravine, se dresse en pyramide le mont de Sainte-Odile. Le rocher, qui supporte le couvent, surgit des pointes de la futaie entre trois abîmes. C'est-là peut-être l'aspect le plus imposant, le profil le plus significatif du vieux sanctuaire gallo-romain et celto-chrétien, qui renferme tant d'émotion latente.

Après une halte d'une heure sur la terrasse de l'hôtel Saint-Jacques, nous attaquâmes la pyramide boisée qui gagne le sommet en zigzags. Je m'extasiais sur la vitalité agile de mon jeune ami. Il montait entre les sveltes fûts de sapins, comme un chevreuil, et j'avais quelque peine à le suivre. Son esprit remuant s'impatientait de mon calme. Tandis que le spectacle de la nature suscitait chez moi les images du passé et m'ouvrait la route des rêves, le paysage fouettait chez lui l'inquiétude du présent et le désir ardent de l'action. Nous passâmes près de la source célèbre, que, selon la légende, la sainte fit jaillir d'un rocher de grès rouge, pour guérir un aveugle.

— Voyez, dis-je, elle est toujours aussi cristalline. Celle-là ne changera jamais.

Il répliqua : — Je ne puis plus y boire, en pensant qu'elle appartient à nos ennemis.

Des marches taillées dans le roc conduisent au couvent, à travers de vieux érables. Nous le laissâmes à notre droite, pour longer en pleine forêt la haute muraille qui conduit au Mur Payen. On grimpe un escalier aventureux, à l'angle d'un rocher, et l'on se trouve subitement à l'intérieur de l'enceinte cyclopéenne, à l'air libre, sur le plateau de la Bloss, couvert de bruyères et de petits bois. Mon compagnon, toujours avide du but, bondissait devant moi, sur le sentier qui serpente, descend et remonte, entre les blocs déjetés et les buissons. À droite, ondulait la vaste lande ; à gauche, entre les pointes des sapins sortant de l'abîme, bleuissaient les lointains de la plaine. Un vent frais courait sur nos têtes.

— Ici, m'écriai-je, nous trouverons la paix et la liberté. On boit de l'espace, on respire du ciel.

— Et moi, dit mon avant-garde impétueux, je ne respire que du feu qui brûle mes poumons. Regardez ce poteau indicateur avec ses caractères allemands. C'est la marque de nos maîtres… nous ne sommes pas chez nous ici !

À ce moment, nous atteignîmes de plain-pied la roche granitique du Menelstein. C'était la cime.

Plaine et montagne, le panorama s'étalait dans toute sa splendeur et son relief saisissant, immense tableau de verdures nuancées sous l'immense coupole d'azur. De cet observatoire, l'œil embrasse la terre alsacienne depuis la trouée de Belfort jusqu'aux hauteurs du Palatinat. Il parcourt librement cette longue bande cultivée, parsemée de villages aux toits rouges, de moissons dorées et de verts pâturages. Elle forme un contraste violent avec l'Océan sauvage des montagnes, dont les côtes vont se perdre dans la plaine en ondes gracieuses. À nos pieds, le Landsberg n'est plus qu'un carré rose jeté sur le tapis des bois. Au premier plan, les ruines d'Andlau et de Spesbourg, couronnant la première crête, ne paraissent que des huttes posées sur des collines. Derrière elles, l'Ungersberg arrondit sa tête. Plus loin, se creusent quatre ou cinq vallées, dont les cols se dessinent l'un sur l'autre. Leurs teintes estompées chatoient du vert sombre au violet profond et au lilas tendre. Le Hohkœnigsbourg, qui dresse au loin sa pointe, paraît un château fantastique bâti sur un nuage. Les Alpes bernoises, qui ne percent que rarement les brumes de l'horizon, ne scintillaient pas au-dessus du Jura. À notre arrivée, deux bandes de nuées, venues de l'Ouest, traversaient l'atmosphère. L'une, tout près de nous, à notre niveau, étendait ses ailes comme un vol de cigognes ; l'autre, plus haut, cachait le soleil de ses marbrures. Les stries noires, dont la plaine se tigrait sous leurs ombres mobiles, lui donnaient l'aspect caméléonesque d'une mer avant l'orage.

— Reposons-nous ici, dis-je, avant d'aller chercher notre gîte au couvent. N'est-ce pas le plus beau point de l'Alsace ? Dans la sérénité de cet horizon, l'esprit doit reprendre sa maîtrise sous la menace insidieuse et incessante des puissances adverses.

— Vous avez cette force ? dit mon ami d'un ton presque amer en s'asseyant en face de moi, sur une saillie du roc, au bord de l'abîme. Il me lança un regard aigu et poursuivit avec une ironie légère : — Je vous admire et vous envie !… Vous me faites penser à un aigle, qui bat des ailes sur son nid et n'aperçoit pas le chasseur qui, d'en bas, le vise au cœur. La voilà devant nous notre « magnifique Alsace. » Toujours la même et toujours nouvelle, comme l'a nommée Gœthe. Mais est-elle bien à nous, et qu'en pouvons-nous faire sous le joug ennemi ? Enfin, que sommes-nous devenus nous-mêmes sous cette pression formidable ? Depuis deux mille ans, deux races ennemies se disputent notre territoire, si bien que nous n'avons pas eu le temps de nous saisir et de constituer notre moule. Et voici que l'aigle prussien, l'aigle noir à deux têtes, « l'affreuse bête » ainsi nommée par Henri Heine, nous dévore et nous ronge le cœur ! Sommes-nous dignes de cela ? Michelet, que j'estime hautement, fut cependant injuste pour nous. Dans son merveilleux tableau de la France, il dit que l'Alsace est tour à tour une France ou une Allemagne affaiblie. Eh bien ! je proteste, car chaque Alsacien, qui possède une âme et une volonté, se sait quelqu'un et sent en soi-même une individualité irréductible. Mais quel est notre signe distinctif parmi les races, notre symbole et notre devise ? Qu'avons-nous à donner de nouveau au monde ? En un mot, quelle est notre mission ? Je vous le demande à vous. Ah ! je vous entends, à chacun son rôle. Je suis un combattant, vous êtes un contemplatif. Mais alors, remplissez votre office. Le mont de Sainte-Odile est le cœur de l'Alsace ; vous devez entendre ses battemens. Dites-nous donc ce qu'est ce cœur, car on ne l'a pas dit encore.

— Vous vous trompez, répondis-je, cette montagne, vous le savez mieux que personne, a été admirablement décrite et auscultée par un des premiers écrivains français de notre temps, à la fois artiste, penseur et patriote de profession. La superbe évocation, placée par Maurice Barrès dans son livre *Au service de l'Allemagne*, est une eau-forte gravée d'un burin magistral, où l'intensité du trait atteint le charme de la couleur. Joignez-y la méditation du parfait styliste sur *la Pensée de Sainte-Odile*, et vous reconnaîtrez avec moi qu'il ne reste rien à dire sur le sujet après un tel morceau. M. Barrès a nommé ce lieu « ma montagne, » et il en a le droit. « C'est ici, dit-il, un des postes où nul ne peut me suppléer. À travers la grande forêt sombre, un chant vosgien se lève, mêlé d'Alsace et de Lorraine. Il renseigne la France sur les chances qu'elle a de durer. » Qu'ajoutera cela ? Ne devons-nous pas nous féliciter, nous autres Alsaciens, de ce qu'un Lorrain illustre ait donné de notre montagne sainte la plus belle image et la plus noble idée ? Cela ne prouve-t-il pas l'indissoluble union des deux provinces arrachées à la France par la guerre de 1870, sœurs dans le martyre présent comme elles le seront dans la délivrance ?

— Je partage votre avis quant à la qualité de ce chef-d'œuvre, dit Pierre Bucher, cela d'autant plus que je dois beaucoup à Maurice Barrès, que j'ai été son disciple et le suis encore. Malgré cela, il reste quelque chose à dire et quelque chose à faire. Dans l'intérêt de la France comme dans le nôtre, Barrès nous prescrit une règle de conduite et voici la norme qu'il propose à notre orientation intellectuelle. « La romanisation des Germains, dit notre sage précepteur, est la tendance de l'Alsacien-Lorrain, telle est la formule où j'aboutis dans mes méditations de Sainte-Odile. » Soit. Je reconnais cette fonction que nous impose l'histoire et notre propre désir. Mais ce n'est pas tout. Nous ne sommes pas de simples instrumens de romanisation, nous sommes encore quelque chose par nous-mêmes. Comme chaque individu a sa nature et sa destinée propre, chaque province d'un grand pays a son tempérament et ses facultés particulières qui concourent à l'harmonieuse plénitude de la grande patrie. Il manquerait quelque chose d'essentiel à la France sans la Provence gréco-latine, sans la

Bretagne kymrique, sans les provinces demi-espagnoles et basques des Pyrénées, sans la Normandie trempée de sang Scandinave, sans la Flandre demi-wallonne et demi-néerlandaise. Il en est de même de l'Alsace. Mais quel est le sceau de son génie, le mot de sa destinée ? Ce sceau serait-il encore à frapper, cette destinée n'est-elle pas encore sortie de ses limbes ? Quoi qu'il en soit, nous la sentons en nous, elle nous travaille, elle veut sortir. Pourquoi ne nous aideriez-vous pas à la faire éclore ? Il est des gens, et non des moindres, qui vous tiennent pour un rêveur chimérique et dangereux, mais ceux que vous avez éveillés et soulevés de votre enthousiasme vous appellent « un voyant de l'âme. » Si vous l'êtes vraiment, pourquoi ne tenteriez-vous pas de résoudre l'énigme de l'âme alsacienne ?

— Vous soulevez là une question vitale et je ne vois pas de plus noble tâche, mais pardonnez-moi si je me récuse. Pour dire à l'Alsace ce qu'elle fut, ce qu'elle doit être et ce qu'elle sera, il faudrait trouver un Alsacien plus enraciné dans son terroir et qui eût étudié en détail toutes les couches de sa population. Or, pour mes péchés, je suis un oiseau migrateur. Ma pensée a trop erré vers d'autres patries pour s'enfoncer dans le sol natal et en recueillir toute la sève. J'ai trop butiné dans d'autres zones pour connaître toutes les fleurs de mon pays natal. Cette vallée du Rhin, avec le fleuve de civilisation qui la baigne, est un cadre superbe, et pourtant mon désir n'a jamais pu s'y confiner. Les villes d'Ombrie et la plage d'Éleusis m'ont dit plus de choses que les honnêtes et vaillantes cités de notre Décapole. C'est seulement en Italie et en Grèce, aux pays de beauté, que je me suis senti vraiment et complètement homme. Les cimes du Pinde et les rives du Nil m'ont plus appris que les sommets des Vosges. Enfin, j'éprouve une mystérieuse et invincible attraction pour la Bretagne et pour tous les pays celtiques, où la mélodie profonde de l'âme répond si doucement au chant éternel de l'Atlantique.

— Cela fait, dit mon interlocuteur, qu'à force d'avoir tant de patries, vous n'en avez plus aucune.

— Tout au contraire ! repris-je. J'appartiens à une patrie aussi vivante et aussi durable que celle qui s'attache au sol, à une patrie éternelle, à une patrie en marche. C'est celle de la race aryenne, qui, descendue des hauts plateaux de l'Asie, vint s'établir autour de la Méditerranée et attirer les peuples du Nord dans son orbite. Elle incarne la Civilisation, elle représente l'Humanité. Mieux qu'aucune autre nation, la France gréco-latine et celtique a reçu la quintessence de cette civilisation. Elle l'incarne par son alliage ethnique, elle la glorifie par son idéal et son effort séculaire. Telle est la raison supérieure pour laquelle je me sens Français de corps et d'âme. C'est parce que la France a placé l'Humanité au-dessus d'elle-même qu'elle est si grande et qu'elle a gagné le cœur des nations. Ici, mon point de vue diffère de celui de Barrès. Le sien est juste pour la patrie visible, mais insuffisant pour la patrie invisible et idéale. Disciple en cela de Taine, il fait sortir toutes les vertus d'un peuple du sol et de la race. Mais est-ce là le principe moteur de l'histoire ? Souvenons-nous du beau cri de Michelet : « La Tradition, c'est ma mère ; mais la Liberté, c'est moi ! » Nous sommes plus « qu'une feuille éphémère de l'arbre de vie que l'automne pourrit, » nous sommes plus « qu'un effet de toutes les saisons qui meurent, » selon les expressions de Barrès dans sa méditation. Nous sommes des âmes immortelles qui se développent à travers les âges. Nous avons deux patries, l'une dans le Visible, l'autre dans l'Invisible, et les fluctuations de nos vies résultent de l'action réciproque et incessante de ces deux patries, dont nous sommes le centre conscient. Que seraient l'homme et l'humanité sans l'individualité et sans l'inspiration ? Une matière inerte. Si sainte Odile n'avait pas été une âme débordante d'amour et de foi, elle n'eût point dompté le féroce Atalric, son père, et converti au christianisme les barbares mérovingiens. C'est parce qu'elles sentent le souffle divin et savent le transfuser en un verbe nouveau que les âmes conscientes et les volontés maîtresses jouent le drame de l'histoire. Le sol et la race ne leur fournissent que les décors et les costumes. — Une destinée impérieuse m'a poussé à rappeler, à mes risques et périls, ces vérités à notre temps qui a cessé de les comprendre parce que son âme s'est atrophiée. J'ai plus vécu dans l'éternel que dans l'éphémère, dans l'idéal que dans le réel. Vous voyez que je ne suis pas fait pour l'opération délicate que vous attendez de moi.

— Vous me peinez, reprit le docteur obstiné. Je ne nie ni n'affirme vos idées ; elles ne sont pas de mon ressort. Gardez-en le mérite ou la responsabilité. Mais, en ma qualité de médecin et de patriote, je m'attache au réel, à l'urgent, à ce sol où nous avons à faire notre œuvre de libération et de synthèse.

Et, fixant sur moi un regard d'une tristesse incisive, Pierre Bucher ajouta :

— Vous avez beau avoir d'autres patries, c'est à celle-ci, où vous êtes né, que vous devez votre sève vitale. C'est là que plongent vos racines, sans peut-être que vous le sachiez. Quittez un peu vos songes… Faites votre devoir et dites-nous notre mission.

— Je le voudrais si je le pouvais ; mais c'est à vous de le faire. Vous seul le pouvez, parce que, mieux que personne, vous avez vécu le drame intime qui se joue dans l'âme des jeunes Alsaciens, placés entre la France et l'Allemagne. Vous ne le vivez pas seulement, vous l'agissez. Vous savez donc ce qu'il est. Racontez-moi ce drame, et le dénouement sortira de votre récit.

— Vous êtes un homme étrange, poursuivit mon compagnon, en se déridant soudain de son air taciturne. Quand vous vous avisez de sortir de votre nuage, vous savez donner dans le cœur de vos amis des coups de lancette qui en font jaillir des secrets longtemps gardés et qu'ils avaient juré de ne confier à personne.

— Cette lancette, mon cher docteur, n'est autre que ma sympathie pour les âmes vivantes et sincères. Parlez sans crainte. En vous épanchant, vous vous délivrerez peut-être d'un poids qui vous oppresse.

— J'essayerai donc, mais sans aucun espoir de résoudre le problème. En remuant ces souvenirs intimes, je ne vous parlerai que des sensations révélatrices qui jalonnèrent les points tournans de ma jeunesse et aiguillèrent mon effort.

III. — EN QUÊTE D'UNE PATRIE

Nous étions toujours assis sur le rocher du Menelstein. Le soleil, encore haut dans le ciel, ne descendait que lentement vers les crêtes chevelues des Vosges. Un léger brouillard se dessinait, comme une ligne blanche, au pied de la Forêt-Noire. Parfois un petit coup de vent passait sur la lande et agitait ses buissons rabougris, mais rien ne troublait le calme de cette soirée d'automne, embaumée d'une odeur de résine et de bruyère. J'écoutai avec une attention profonde le récit suivant de mon ami :

« Mes années de voyage pourraient se définir d'un mot : histoire intérieure d'un Alsacien en mal de sa patrie. Je n'en rappellerai pas toutes les étapes et vous dirai seulement celles qui me secouèrent de fond en comble. Si je mentionne les deux premières : Paris et Berlin, c'est qu'elles furent capitales et que leur contraste donna un choc décisif à ma sensibilité nationale. — Paris est la ville la plus connue du monde, et cependant vous imagineriez difficilement quelle sorte d'émotion produisit vers 1900, dans l'âme d'un jeune Alsacien, momentanément sorti de la geôle prussienne, le premier aspect de la capitale française. Je m'étais logé au quartier Latin. Alfred de Vigny compare

Paris, vu du haut de la tour Saint-Jacques, à une meule immense qui tourne sous une invisible manivelle. Pendant les premières semaines, je me sentis broyé par cette meule, puis emporté au hasard par le flot humain qui court sous cette roue infatigable. Mais bientôt une impression lumineuse s'en dégagea, et je me souviens, comme d'une chose ineffaçable, de la prodigieuse leçon d'histoire et d'esthétique reçue au bout d'un mois. Dans cette fourmilière, où grouille la France et le monde, le passé, — et quel passé ! — est toujours vivant, par les monumens qui la dominent. Par eux, il parle, il règne, il agit.

« En plein quartier Latin, sous les sombres arceaux de Cluny, où Julien, vainqueur des Germains, fut proclamé empereur par ses légions, on s'aperçoit que Rome, la première, posa son empreinte sur l'oppidum gaulois. Un peu plus loin, au bord de la Seine, dans l'île mère de la cité, la cathédrale de Notre-Dame et la Sainte-Chapelle élèvent vers le ciel la grande pensée chrétienne du Moyen Âge avec leur flèche mystique. Longez les quais ; à la façade du Louvre, nous accueille le génie de la Renaissance italienne, assagie de majesté royale et de grâce française, avec, dans ses flancs, tous les trésors de l'art mondial. En face, sur l'autre rive, veille en retrait, modeste et sérieuse, la coupole de l'Institut, asile et synthèse des sciences et des arts. En amont de la Seine, au quartier populaire de Saint-Antoine, sur l'emplacement de la Bastille disparue, se dresse la colonne de Juillet, avec le Génie de la Liberté, qui s'élance dans l'espace infini. En aval, voici la place de la Concorde où l'âme nationale, aidée du génie de Napoléon, se formule en une merveilleuse image. Hélas ! ce fut ici la place de Grève, ensanglantée par tant de supplices au Moyen Âge et où tombèrent tant de têtes augustes sous la Révolution. Mais tout cela doit être effacé par un pacte de paix et de résurrection. Les lignes, l'encadrement, les perspectives de cette place sont uniques. Élégance dans la grandeur, harmonie dans la clarté, mesure dans l'expansion. On dirait qu'elle veut s'ouvrir au monde avec ses quatre voies, et cependant comme elle se recueille de nouveau en un seul point ! C'est l'obélisque de Gisèh qui darde sa fine aiguille, au centre de ce cadran national. Si j'étais vous, je me hasarderais peut-être à dire ceci : Le monolithe égyptien ajoute son verbe, au verbe des villes de France assises en cercle autour de lui. De ses quatre faces, il regarde à la fois, aux quatre coins de l'horizon, le Parlement et l'église de la Madeleine, le Louvre et l'Arc de triomphe de la Grande Armée. Il semble dire : Entre la politique et la religion, entre le pouvoir et la nation, seule la conscience de l'Éternel et du Divin peut joindre toutes les antithèses et apaiser toutes les haines dans l'unité de la patrie. Mais, n'étant qu'un simple observateur, je me contente de trouver que, placé à cet endroit, l'obélisque est un éloquent appel à l'équilibre entre les extrêmes et à la synthèse nationale.

« C'est ainsi qu'en cette méditation juvénile, l'obélisque de la place de la Concorde me parut marquer l'heure éternelle au cadran de la France.

« Peut-être cette première impression que je reçus de votre capitale, impression qui ne se cristallisa que plus tard, vous paraîtra-t-elle puérile. Mais je devais vous en faire part pour vous expliquer mon développement postérieur. Si cette symbolique de « l'inclyte cité de Lutèce » vous fait sourire, songez que je vins à Paris à l'époque où florissait le symbolisme. Je passai six mois au quartier Latin, ne fréquentant que la jeunesse des Écoles. Temps de fermentation et de désorientation. On s'intéressait à tout, on cultivait avec une égale ferveur Wagner, Ibsen, Tolstoï, Hauptmann, Mæterlinck, Ruskin et d'Annunzio, sans but connu, sans idéal précis. Une atmosphère de scepticisme et de relâchement régnait à la surface de cette génération, mais, au fond, quelle vaste curiosité, quelle ardeur généreuse, quel désir de tout comprendre et en même temps d'être soi avec une énergie sans frein ! J'emportai de Paris l'impression d'un foyer de passion et de lumière, d'où devait jaillir quelque jour une flamme immense. La somme de ces lumières éparses produisait une lueur prodigieuse, pareille à celle que les millions de becs de gaz font flotter au-dessus de l'énorme cité ou aux rayons électriques que la tour Eiffel promène sur l'enceinte de Paris. Je me disais : Si toutes ces volontés ardentes se fondaient en une même pensée, quelle force elles constitueraient ! De leur désordre même il se dégage une puissance de sympathie et d'intuition, supérieure à la lourde science d'outre-Rhin, et que rien ne saurait arrêter. C'est le cœur de l'humanité qui bat la charge dans cette fièvre chaude, et c'est à ce foyer brûlant qu'il faudra revenir.

« Mais, avant cela, je voulais voir nos ennemis chez eux. Le programme de mon éducation exigeait cette épreuve, qui faisait partie de mon enquête morale et intellectuelle. Un Alsacien, qui veut maintenir dans son pays la culture et la tradition françaises, fait bien d'aller voir dans sa citadelle le tyran redoutable qui prétend lui imposer la sienne et le tient sous sa férule, toujours prête à se changer en crosse. Aucun enseignement n'est plus apte à fortifier en lui la conscience nationale que la comparaison des deux capitales. Donc je devais aller à Berlin. Ô ciel transparent de l'Île-de-France, azur léger qui égrène comme des perles tes blancs nuages sur les méandres de la Seine, crépuscules dorés qui enveloppez d'un voile rose les collines de Meudon, ombrages touffus du Luxembourg à travers lesquels me souriait, comme un temple lointain, la coupole du Panthéon, que de regrets vous me laissâtes !

« Nuremberg, que je vis en passant, pendant mon tour d'Allemagne, me parut l'idéal de ce que l'art allemand a su produire aux confins du Moyen Âge et de la Renaissance. Féodalité tempérée de richesse bourgeoise et de mystique savante, cela constitue un ensemble original et saisissant. Quelle différence avec Berlin, ville toute moderne qui n'a aucune racine dans le passé de la civilisation, ville fondée par une dynastie purement militaire, dans un pays triste, pour les Borusses, peuple de conquête et de proie. Mon cœur se serra, quand le train traversa les plaines sablonneuses de Brandebourg ; il se refroidit et se contracta, quand je pénétrai dans la capitale prussienne, au point que je me demandai s'il n'allait pas cesser de battre. Pendant toute la durée de mon séjour à Berlin, je crus sentir mon cerveau badigeonné d'un enduit noirâtre, tant mon œil fut assailli de mauvais goût, de laideurs prétentieuses et de faste maussade. Un écrivain allemand contemporain a dit à un journaliste français : « Berlin n'existe pas. L'individualité lui manque. » Jugement à la fois trop sévère et trop indulgent. Cet Allemand n'a pas vu, ou n'a pas voulu voir, que Berlin, dans son noyau et son centre, porte le cachet de la dynastie des Hohenzollern. Par elle et avec elle, il exprime la Prusse, mais il n'exprime pas autre chose. Ici, rien d'harmonieux, ni d'artistique, ni même d'allemand. Aucun lien vivant ne rattache l'arsenal prussien à la grande civilisation méditerranéenne ou à l'Allemagne d'autrefois. La ville moderne est d'un luxe massif, criard et « kolossal. » Il faut employer leur mot favori pour peindre leur style, si c'en est un. Édifices, monumens et statues ne magnifient que la dynastie régnante et le militarisme prussien. Le sombre palais impérial, avec sa façade morne et son corps de garde rechigné, fait penser à une caserne. Les musées ont l'air de prisons et les églises de maisons de correction. Les trente-deux Hohenzollern en marbre, création de Guillaume II, qui ornent la *Siegesallee* dans le Thierpark, guerriers cuirassés et farouches, n'évoquent ni nobles exploits, ni grandes pensées. Durs caporaux d'un peuple de soldats mécanisés, ils ont l'air d'inspecter les passans comme des sergens recruteurs. Ils sont tous aussi laids que la lourde Victoire, qui, au bout de l'allée, écrase son piédestal de sa masse dorée.

« La marque de Berlin est, d'un côté, un étalage de richesse sans goût, de l'autre un militarisme insolent et dominateur. Partout, à l'Université comme ailleurs, vous sentirez la griffe de l'État, machine à fabriquer des instrumens dociles sur le patron du soldat prussien. Si vous songez que cet esprit a pénétré, par les professeurs pangermanistes, dans les universités et jusque dans les moindres écoles de toute l'Allemagne, que toute sa science et toute son énergie sont au service de l'art militaire et de la conquête du monde, vous avouerez que jamais nation, sauf peut-être Carthage, n'a présenté un exemple plus complet de matérialisme pratique. Je ne sais quel était, il y a cent ans, l'aspect de cette ville qui s'intitulait alors « l'Athènes de la Sprée » et qui s'enorgueillissait d'être la ville la plus spirituelle d'Allemagne. Mais, aujourd'hui certainement, la physionomie de Berlin, qui révèle son âme, de Berlin symbole et quintessence de la Prusse, présente une image effrayante de l'écrasement de l'Esprit par la Matière. État-Moloch, laminoir d'hommes, fabricant de consciences passives.

« Est-il besoin de formuler un parallèle entre Berlin et Paris ? Le contraste est si violent qu'il crève les yeux. Paris, ville d'enthousiasme et d'expansion, se perd dans l'idée jusqu'à s'oublier lui-même. Berlin, vampire dévorant, rêve d'absorber le monde pour s'arrondir et repeupler l'univers de sa progéniture. Involontairement, on se dit : « Ceci tuera cela. » Il s'agit de savoir lequel des deux. Nous autres Gréco-Latins, et, tout Alsacien que je suis, je me flatte d'en être par mon éducation, nous avons la naïveté de croire, malgré tout, à la victoire de l'Idée.

« Vous devinez avec quel soulagement je revins de la capitale prussienne dans notre vieille Alsace. Villes et villages, mœurs et sentimens, tout m'y parut intime et familier, d'une fraîcheur accueillante et tonique. J'achevai mes études à l'université de Strasbourg, et, comme j'étais un cycliste passionné, je résolus de parcourir le pays en tout sens pour me pénétrer de sa physionomie et de son âme. Mon ambition était d'en trouver le secret et la formule. Étudiant l'art rustique alsacien, je me plus à rechercher comment notre caractère provincial se traduit dans l'architecture des maisons anciennes de nos petites villes et de nos riches villages. Leurs murs blanchis à la chaux, aux poutres apparentes, leurs larges auvens où pendent les grappes de maïs, leurs fenêtres ornées de géraniums, les escaliers couverts qui montent au perron, les galeries en bois sculpté qui font le tour des étages, tout invite l'étranger à entrer. Quelquefois, un pignon à tour carrée surmonte le toit. Il indique que le maître de la maison aime à regarder au loin, de tous les côtés. À l'intérieur, où ronfle un grand poêle, où brillent les huches en érable et les bahuts en vieux chêne, on trouve souvent encore un rouet finement ouvragé, souvenir inutile, mais vénéré de quelque grand'mère. Dans toute maison aisée, il y a une chambre du grand-père et une chambre d'ami. Le culte de la tradition et de l'hospitalité sont deux traits essentiellement alsaciens. J'eus de longues causeries avec le berger des hautes chaumes, avec le ségar au seuil de sa scierie mue par le torrent, avec le laboureur marchant derrière son cheval fumant au milieu de la plaine et enfonçant le soc de sa charrue dans le sol d'un geste vigoureux qui dit : Cette terre m'appartient. La bonhomie narquoise, l'indépendance solide et sans faste de leurs propos me rassuraient sur leur caractère.

« Il est plus malaisé de définir l'orientation intellectuelle de notre province en étudiant son histoire. Multiplicité disparate et dispersion, voilà ce qui frappe d'abord. Pays bilingue et de frontière, l'Alsace a expié l'étendue de ses horizons et la variété de ses élémens de culture par un certain manque d'intensité dans sa vie intérieure. J'éprouvai donc très péniblement les oscillations de ma race en les revivant en moi-même. L'incertitude de mes goûts épars, le manque d'un point fixe dans la direction de mes efforts, augmentaient à mesure que s'infiltraient plus profondément dans ma sensibilité les charmes de mon pays, de ses souvenirs et de ses légendes. Cette angoisse, d'autant plus troublante qu'elle était sans objet, fut portée à son comble par une impression de nature, qui prit pour moi la valeur d'un événement symbolique et d'une expérience intime.

« Depuis quelque temps, le Rhin m'attirait par ses bords solitaires, peu visités, et ses îles pittoresques. Dans mes courses errantes, j'étais venu un soir à Rhinau. Me promenant sur la rive, je trouvai, à quelque distance du village, un vaste champ de roseaux. Une anse du fleuve y formait une sorte de chenal, au fond duquel un pêcheur avait abrité sa barque. Je liai conversation avec cet original, qui semblait plus intime avec le Rhin qu'avec les hommes. Il me dit qu'il allait passer la nuit dans sa hutte délabrée pour surveiller sa pêche. Sa demeure lacustre me plut ; elle convenait à ma méditation, et je lui demandai la permission de passer la nuit sur son lit de feuilles sèches, ce qu'il m'accorda volontiers. Je restai assis, à la poupe de la nacelle, pendant que le pêcheur, debout à la proue, lançait, paquet sur paquet, la lourde nasse avec ses lièges flottans dans le fleuve impétueux.

« De mon poste, je jouissais de l'ampleur grandiose du paysage et de son calme musical. On n'entendait que le sourd grondement du fleuve et le froissement léger des quenouilles de roseaux. Des deux côtés du Rhin, la plaine s'étendait à perte de vue. À l'Est comme à l'Ouest, la bande bleuâtre des montagnes bornait à peine son immensité. Dans la coupole du ciel, plus vaste encore, les nuages cuivrés, qui traînaient sur l'or du couchant, formaient des îles flottantes et des castels aériens. Le crépuscule tombait. Soudain, sur l'azur pâle du zénith, je vis se dessiner une ligne formée de petits points noirs et animée d'un mouvement rapide. L'écharpe serpentine tournoya longtemps comme la queue d'un cerf-volant. Elle décrivit, dans le ciel, une série de tours capricieux aux derniers rayons du soleil, comme pour chercher son gîte. Se rapprochant toujours de nous, elle descendit en cercles plus étroits, et, tout d'un coup, houche ! d'un plongeon oblique, elle disparut tout près de nous, dans la mer de roseaux, avec un long frémissement suivi d'un silence complet.

« — Ce sont, me dit le pêcheur, des cailles voyageuses qui viennent nicher pour quelques nuits sur les bords du Rhin, pendant leur migration vers le Sud. Vous en verrez d'autres ; il en vient des masses ici.

« Il parlait encore, et déjà un nouvel essaim d'oiseaux avait paru dans le ciel. Après les mêmes évolutions sinueuses, il s'enfonça de la même manière dans sa retraite humide et feuillue. Il en vint une demi-douzaine, de tous les bouts de l'horizon, si bien qu'en quelques minutes, des milliers d'oiseaux migrateurs s'étaient engloutis sous l'humble végétation de cette lagune solitaire, qui protégeait leur sommeil, et où aucun murmure ne trahissait leur présence.

« Le pêcheur ayant déroulé son filet et solidement fixé sa barque au poteau, nous retournâmes dans sa hutte, où je partageai son frugal repas, consistant en une croûte de pain de seigle, un morceau de fromage et une cruche de vin rosé. Quand il m'eut énuméré tous les poissons qu'il allait trouver le lendemain dans son filet, depuis les goujons argentés jusqu'aux brochets et aux carpes chatoyantes de mille couleurs, je me couchai près de la hutte, la tête appuyée sur une gerbe de roseaux, et là, devant les constellations, qui déjà peuplaient l'espace de leurs figures énigmatiques, je me livrai à une méditation inquiète.

« Une identification involontaire se produisit alors, dans mon esprit, entre le spectacle aérien dont j'avais été témoin et le destin de l'âme alsacienne, dont je vivais en moi-même à cette époque l'expansion multiple et dont les astres implacables semblaient darder maintenant dans mon cœur la fatalité tragique. L'Alsace, me disais-je, ce long couloir qui va du Sud au Nord, n'a pas été, au cours de l'histoire, un centre de civilisation déterminée, mais un lieu de passage, de contact et de mélange. Divisée entre tant de maîtres, qui se la sont disputée, elle n'a pas eu le loisir de se ramasser sur elle-même. Et en cela nous lui ressemblons presque tous, nous ses fils. Pareilles à ces oiseaux migrateurs, les idées nous sont venues de tous les points de l'horizon. Du Sud, par les passages des Alpes, nous est arrivée la tradition latine avec les reliques et les mirages d'Orient. Par le Nord s'infiltrèrent les idées mystiques, les métaphysiques nébuleuses. L'Allemagne nous a inondés de légendes merveilleuses et de chants romantiques, tandis que la grâce et la courtoisie, la chevalerie et la liberté, nous sont venues du beau pays de France. Mais qu'avons-nous fait de toutes ces richesses ? Avons-nous su étreindre tout ce que nous avons embrassé, transformer en quelque chose de nouveau tout ce que nous avons assimilé ? Nous vivons dans un monde de contradictions et nous manquons d'un centre de gravité. Entre l'Allemagne et la France, quel est notre signe distinctif ? serons-nous toujours des amphibies et vivrons-nous tantôt dans le marécage du fleuve allemand, tantôt sur la terre française ? Ressemblerons-nous éternellement aux grenouilles qui coassent sous ces roseaux, tandis que glissent sur eux les oiseaux migrateurs, les divines idées, sans pouvoir en saisir une seule ?

« Cette nuit passée au bord du Rhin me laissa une défiance invincible pour le fleuve violent, qui ronge ses rives et emporte dans ses ondes verdâtres les arbres et les barques arrachées. De la plaine hantée par tous les oiseaux du ciel, de la plaine sans limite qui disperse l'esprit, je me tournai vers la montagne. Ah ! la montagne ! elle représente ce qui demeure immuablement. Elle est en quelque sorte la figure visible de l'Éternel. Avec leurs larges croupes et leurs formes ondulées, nos Vosges ne sont pas une barrière infranchissable entre l'Alsace et la France. Des cols faciles, des vallées riantes les unissent. Ces forteresses boisées sont aussi des autels pour la prière et la pensée. Elles invitent l'homme de la plaine à gagner leur hauteur pour voir plus loin. À moi aussi une voix intérieure me disait : Recueille-toi en toi-même et rassemble-toi vers les sommets. Regarde ces petites villes gracieuses avec leurs tours et leurs enceintes fortifiées qui se serrent à l'embouchure des vallées et aux flancs des montagnes ; regarde ces châteaux forts qui les dominent farouchement comme des nids d'aigles ; regarde ces armées de sapins qui montent à l'assaut des cimes ; vois ces pierres dressées qui couronnent les sommets ; tout monte, tout se concentre et veut être soi. Fais comme eux, ramasse-toi dans ton essor et puis ressors de toi-même comme ces rochers de granit qui percent les assises de la montagne pour surplomber la robe des forêts, — et tu seras fort et libre dans ta volonté.

« J'essayai, je m'efforçai. Les cimes de la Haute et de la Basse-Alsace me permirent de belles élévations sans m'apporter la paix. D'ici, du Menelstein, du centre et du cœur du pays, j'avais beau découvrir la flèche de la cathédrale de Strasbourg et les cimes lointaines des Alpes, elles ne me disaient pas l'énigme de l'Alsace. Au couvent de Sainte-Odile, je vis les joyeux gars du pays et les payses, coiffées de leurs bonnets argentés et de leurs rubans de moire aux grandes ailes, accourir à la fête patronale de la Sainte, par cet instinct obscur qui réunit le peuple autour d'une grande figure du passé. La charité sublime, qui permit à la fille d'Atalric de dompter le cœur farouche de son père, ne pouvait me révéler ma propre destinée et celle de mon pays. Il y avait encore trop d'Allemagne et trop de brume pour moi dans cet horizon, il me fallut aller jusqu'au Schneeberg, où l'on voit la Lorraine, jusqu'au Donon où l'on touche la France, pour assouvir mon besoin de lumière et de lignes précises. Je ne me sentis chez moi, je ne respirai l'air de la patrie, qu'à l'humble maison de Domrémy où est née Jeanne d'Arc. Oh ! celle-là était *ma* Sainte, l'héroïne libératrice. Sainte Odile, dit-on, recouvra la vue sous l'eau du baptême et fonda un couvent. Jeanne d'Arc, la Voyante née, la vierge guerrière, créa une patrie par l'amour sans crainte, par la foi combative et le sacrifice de sa vie. Oui, à Domrémy, je trouvai le cœur de la France et le secret de sa destinée, mais où trouverai-je le secret de l'Alsace ? »

IV. — L'ÉNIGME ALSACIENNE

— Vous en êtes peut être plus près que vous ne croyez, répondis-je. Car ce récit palpitant, qui résume votre expérience vitale, m'en donne la clef.

Les deux mouvemens d'âme qui ont réglé votre destinée, celui d'*expansion* et de *concentration,* furent aussi ceux de l'âme alsacienne pendant sa longue histoire ; c'est en quelque sorte le rythme de sa respiration et la loi de sa vie intellectuelle et morale. Il me semble qu'on pourrait y trouver le mot de son énigme. Souvenez-vous et regardez en vous-même. Dans vos courses et vos voyages, vous vous êtes dispersé par la plaine, au bord du Rhin et vers les Allemagnes, pour vous rassembler ensuite sur vos cimes natales et vous retrouver vous-même en France. En croyant que vous n'apportez rien de nouveau à cette France, vous oubliez l'*étincelle celtique* jaillie du fond de votre âme sur ces hauteurs. Cette étincelle couve au fond de la nation française, elle dort mystérieusement dans son sol et dans le fond de la race gauloise. Elle court des Pyrénées à la mer du Nord et de l'Atlantique au Rhin. N'oublions pas que César engloba dans sa Gaule les Alsaciens sous le nom de Séquanes et Médiomatrices, comme il fit des Belges et des Bellovaques en les appelant les plus intrépides des Gaulois. Comme l'éclat du phosphore et comme le feu du ciel, l'étincelle celtique varie d'intensité et de couleur selon les temps et les lieux. Elle est tantôt blanche, tantôt violette, tantôt cramoisie, mais c'est toujours l'éclair et la foudre. Car c'est l'étincelle de l'individualité libre, l'élan de la sympathie humaine, le courage de la foi. Elle seule peut saisir les contraires, joindre les extrêmes, résoudre toutes les antinomies. Or, par sa position géographique, l'Alsace semble prédestinée à fondre un jour dans son esprit et dans ses créations les qualités essentielles du génie germanique et du génie français.

— Ah ! ne me parlez plus du génie germanique, me dit Pierre Bucher, nous le connaissons trop aujourd'hui.

— Oui sans doute, il est contaminé, perverti, empoisonné jusqu'aux moelles par la Prusse. Elle est devenue l'âme pangermaniste. Celle-là n'est pas seulement notre pire ennemie, c'est celle du genre humain, auquel elle voudrait se substituer en l'écrasant. Mais il y eut jadis une autre Allemagne, celle de ses penseurs, de ses poètes et de ses musiciens. Sont-ils sortis du fond de cette race mal civilisée ou tombés du ciel comme des aérolithes ? Quoi qu'il en soit, ils ont existé, ils font partie du patrimoine humain et, s'ils revenaient aujourd'hui, ils renieraient leurs descendans ou se renieraient eux-mêmes. C'est cette Allemagne-là que l'Alsace a aimée, comprise et interprétée, considérant ce travail comme une fonction sociale et un devoir européen. Autant elle abhorre le pangermanisme qui l'opprime et menace de l'asphyxier, autant elle a su apprécier ce que l'Allemagne d'autrefois a produit de grand et de profond par sa légende, sa poésie et sa pensée religieuse ou philosophique. Elle l'a su et l'a voulu, malgré l'attrait irrésistible et le dévouement enthousiaste que lui inspirait la France. — Si maintenant nous essayons de formuler la différence essentielle entre le génie allemand et le génie français, à les mesurer par leur apport au trésor de la pensée, nous dirons ceci : Le génie de l'Allemagne est tourné vers la compréhension de la nature et celui de la France vers la compréhension de l'humanité. Prenez les plus beaux génies de l'Allemagne, dans les domaines les plus divers, qu'ils se nomment Gœthe ou Schiller, Humboldt ou Schelling, Beethoven ou Wagner, vous remarquerez chez eux le besoin d'embrasser l'univers d'une seule étreinte, sous l'empire d'une seule idée, comme un organisme vivant, en subordonnant l'homme à la nature. D'autre part, prenez les grands génies de la France, quel que soit d'ailleurs leur tempérament personnel, leur doctrine ou leur parti, qu'ils se nomment Montaigne, Descartes ou Pascal, Corneille, Racine ou Molière, Voltaire ou Rousseau, Chateaubriand, Lamartine, Hugo, Vigny ou Michelet, tous ils eurent l'impérieux désir d'affranchir l'homme intérieur par la liberté morale et d'élucider le concept de l'humanité en l'élargissant jusqu'à l'idée divine. En un mot, le génie germanique, à ses heures lucides, a eu le sens du divin dans la nature, et le génie français a le sens du divin dans l'homme. Ajoutons qu'en principe au génie individualiste de la France appartient l'initiative d'une synthèse entre ces deux mondes. Car si l'univers est incapable d'expliquer l'homme, l'homme est capable d'expliquer l'univers s'il trouve dans son humanité profonde la conscience du divin. — Mais revenons à l'Alsace et à sa mission historique. Le Dieu Vogésus, que les Gaulois virent apparaître jadis, sur ces fiers sommets, une épée à la main, est vraiment le Dieu de l'Individualité libre et maîtresse d'elle-même. Ils le dressèrent en face du Rhin, qui représentait pour eux la fatalité féconde, mais sauvage de la Nature, et en face de cette Forêt-Noire, par où vinrent toutes les invasions germaniques. Qui sait si ce Dieu, qui a conduit l'Alsace vers la France pour cimenter leur alliance indissoluble par la fraternité des armes, ne saura pas un jour aussi réveiller l'âme idéaliste de l'Allemagne, aujourd'hui plongée dans un sommeil léthargique et enchaînée au fond d'une tour ténébreuse par un monstre, comme les princesses des légendes gardées par un dragon ?

— Ma foi, reprit le docteur, je ne sais pas si la princesse légendaire dont vous parlez n'est pas morte depuis longtemps ; ce que je sais, c'est que le monstre qui la garde est vivant, qu'il ne dort pas et qu'il nous guette. Vous ne savez pas ce qu'est le pangermanisme, parce que vous ne l'avez pas vu de près et que vous n'avez pas vu grossir, d'année en année, la bête gigantesque. Mais moi qui vis dans son antre, car Strasbourg est devenue une de ses citadelles, je le connais. Je vois la pâture effrayante dont il s'engraisse, car je lis ses journaux, ses revues et ses livres. Je vois l'armée des professeurs, ivres de force brutale, dépecer chaque jour sur leurs cartes la France et l'Univers. Je vois, derrière eux, la masse servile de soixante-neuf millions d'hommes, grisée de leurs sophismes et de leurs rêves de proie, répéter leurs leçons. À les entendre, la civilisation, l'humanité, la science, l'art et la religion, c'est eux, rien qu'eux, avec leurs canons, leurs machines et leur appétit aussi formidable que leurs mortiers. Voilà leur Kosmos, il ne s'agit plus que de détruire le reste. En l'Allemagne prussifiée s'incarne et s'accumule un demi-siècle de matérialisme. S'il l'emporte, c'en est fait de nous et de la France, que dis-je, de la liberté du monde. Pour nous défendre d'une telle attaque, ce n'est pas assez de toutes les forces françaises, de tout notre passé de gloire, de beauté et d'héroïsme. Il y faut encore une foi invincible en la mission libératrice de la France et en la Justice divine qui veille sur le monde ! — Voyez cette brume qui s'amasse sur la Forêt-Noire à la nuit tombante, le dragon invisible est couché là derrière avec ses écailles d'acier et sa gueule prête à cracher le fer et le feu. Que le chevalier français veille et, avec lui, nous qui voulons rester libres. Il s'agit de périr ou d'abattre le monstre. Nous verrons après s'il y a encore une princesse dans la tour du silence, ou si le dragon l'a déjà dévorée.

— Vous avez raison, dis-je en me levant et en saisissant la main de mon impétueux ami. Quand le feu sacré l'anime, la jeunesse en sait plus long que l'âge mûr. La fusée de sa foi découvre l'avenir. La pensée cède le pas à l'action, car l'action seule fait éclater la lumière de l'idée. Allons passer la nuit au cloître et préparons-nous au grand combat.

Édouard Schuré.